Bertram Wojaczek

Viererpack.
Eine Streitschrift, ein Essay, ein Zeitzeugenbericht und drei Novellen

Inhalt

Schnell geschrieben. Drei Kurztexte

I. Souveränismus? Eine Streitschrift nebst Begriffs- und geschichtsmethodischen Überlegungen

> *„Die Revolution des Arbeiters an der Maschine, wie das neunzehnte Jahrhundert sie angelegt hat, geschieht nicht. Und wo sie geschieht, geschieht sie gegen den Zaren oder – gegen den liberalen Staat; also mit veränderter Front, mit neuem Ansatz, als zwanzigstes Jahrhundert.“*[1]

Im Denken über Nationale unterliegt man dem Glauben, dass deren Kernanliegen die Abschaffung der Demokratie sei. Tatsächlich ist die Bekämpfung der Demokratie mitnichten das, was Nationale ausmacht. Dies wird Ihnen vorgeworfen. Es ist in etwa so, wie wenn man die Germanen als Germanen bezeichnet. Diese aber nannten sich selbst wohl nicht so. Es ist kein weltanschaulicher Ansatz, zu sagen, dass man die Dinge beispielsweise so benennt, wie sie sich auch selbst nennen oder nach geeigneten Begriffen sucht, es ist vielmehr ein Prinzip der Hermeneutik, Dinge und Sachverhalte zu verstehen und sie eben nicht zuerst in eine Schublade zu packen und sie dann Tag für Tag zu untersuchen, ohne dabei die Schublade zu wechseln und ohne dem Gegenstand hermeneutisch näherzukommen. Diese Vorgehensweise kann in die Irre führen und wird den

---

[1] Hans Freyer: Revolution von rechts (Quellentexte zur Konservativen Revolution: Die Jungkonservativen, Bd. 5), [München] 1931 (Nachdr.: Toppenstedt 2021), S. 25.

Dingen begrifflich meist nicht gerecht.

Unvoreingenommenheit ist ein Grundprinzip der geschichtlichen Forschung und sie beginnt bei der Begriffswahl. Es ist schwierig, dieses Prinzip einzuhalten, aber im Zweifel kann es dienlich sein, wenn man als Historiker oder als eine über Geschichte und Politik publizierende Person zu anderen als zu den geltenden (historischen) Werturteilen greift oder aber diese mehr verstandesmäßig infrage stellt, indem man von fremden und eigenen Werturteilen Abstand nimmt und eher sachorientiert berichtet und darstellt.

In diesem Fall ist man vielleicht der Chronist, in jenem Fall der Revisionist. Beide Vorwürfe zweifeln an der wissenschaftlichen Kompetenz und stellen die Redlichkeit dessen infrage, der es wagt, festgefahrene Positionen und Phrasen nicht zu bedienen.

Man muss sich, um auf das Thema zurückzukommen, darin vergewissern, dass Nationale deshalb als demokratiefeindlich gelten, weil sie die außenpolitische Einbettung in supranationale, westliche Organisationen infrage stellen oder sie gar vollends ablehnen. Ich habe dies bereits in meinen vorigen Essays erörtert.

Nationale oder Souveränisten werden also als Demokratiefeinde bezeichnet oder mit teils unrichtigen und antiquierten Begriffen wie Nazis, Rechtsextremisten oder Faschisten versehen. Freilich gibt es auch unter den Nationalen solche, die es als ihr Hauptanliegen bezeichnen, den Wesenskern der freiheitlichen demokratischen Grundordnung zu bekämpfen. Jedoch sind dies nur wenige und zweitens sind sie kaum oder gar nicht in Parteien organisiert oder zumindest enthalten die Parteiprogramme keine Forderungen nach der Abschaffung der Demokratie.

Es ist beziehungsweise wäre auch nicht revolutionär, wenn Nationale sich als Verfassungsfeinde begreifen würden. Vielmehr ist es nämlich Hauptanliegen der nationalen Bewegung, Deutschland aus der NATO und der EU herauszulösen. Erst die Umsetzung dieses Postulats führte zu einer nationalen Revolution. Diese scheitert, wenn nationale Kräfte sich gegen den Staat wenden, anstatt sich auf ihre Kernaufgabe zu konzentrieren, ungeachtet dessen, ob der Staat sie wegen dieses Anliegens als Verfassungsfeinde behandelt oder nicht. Die politische Front ist in Brüssel, nicht in Berlin. Berlin ist besetzt durch Erfüllungspolitiker. In diesem Land gehört in der Politik wieder der richtige Mann auf den richtigen Posten. Nicht nur nach Eignung, Leistung und Befähigung – sondern auch nach Gesinnung. Denn wer keine Gesinnung hat, ist kein Politiker, sondern Technokrat.

II. Chronik – Darstellung – Sachbuch – Roman.
Oder:
Warum der Chronist der bessere Historiker ist

Was will Geschichtswissenschaft? Will sie historische Ereignisse und Prozesse möglichst realitätsgetreu darstellen? Will sie literarisch kunstvoll sein? Schließt das eine das andere aus? Geht es mehr um den Inhalt? Oder mehr darum, den Leser zu unterhalten?

Historiker sind Schriftsteller, Schreiber. Sie schreiben. Für die Wissenschaft. Aber auch für die Öffentlichkeit. Je nach Zielgruppe passen sie die Darstellung ihres Gegenstands nach Inhalt und Form an.

Chronik

Eine Chronik ist nicht nur Quelle für geschichtliche Darstellungen, sondern kann gewissermaßen auch selbst historische Darstellung sein. Der moderne Chroniker stellt Geschichte chronologisch dar. Er ist an Tatsachen interessiert, die er belegen, also zitieren kann. Er stellt Verknüpfungen her, so sie notwendig sind, die er aber belegt, er verzichtet auf Aussagen und Wertungen, die irreführend, abwegig oder vielmehr unbelegt sind. Er achtet möglichst auf Vollständigkeit. Ihm geht es darum, zu informieren, bis ins Detail und lückenlos, nicht darum, zu unterhalten oder über Dinge zu sprechen, über die andere Historiker oder Chronisten schon oft gesprochen haben. Er erschließt die Geschichte, indem er aus seinen Quellen schöpft. Dadurch wird die Chronik schnell selbst zur Quelle.

Ich halte den Live-Ticker für eine moderne Form der Chronik. Hier ist nicht nur der Text, sondern sind Bilder, Videos und weitere Internetlinks vorhanden, um minutengenau über wichtige Ereignisse zu berichten. Der gemeinsame Nenner dieser Informationen ist hier das Ereignis oder das Geschehen, über das berichtet wird. Eine Chronik stellt ein Thema in einem bestimmten Zeitraum dar, der sie, also die Chronik, gliedert, ihr Aufbau richtet sich nach der Zeit, nach den Jahren. Eine Chronik kann viel umfangreicher und informierender sein als die im engeren Sinne geschichtliche Darstellung. Oft umfasst sie mehrere Bände.

Geschichtliche Darstellung

Der Begriff geschichtliche Darstellung ist vielen Historikern meiner Meinung nach nicht geläufig, obwohl es ihr Tagesgeschäft ist, Geschichte darzustellen. Ich selbst habe den Begriff geschichtliche oder historische Darstellung jedenfalls während meines Studiums in keiner universitären Veranstaltung gehört, sondern habe ihn im Rahmen meines Selbststudiums entdeckt und ihn mir bis heute in meinem Sprachgebrauch erhalten, nachdem ich gemäß Definition des Begriffs gemerkt habe, dass eigentlich nur dieser Begriff verwendet werden sollte. Die Verwendung dieses Begriffs kann aber tatsächlich Verwunderung oder gar Widerstände hervorrufen. Dabei ist der Begriff geschichtliche Darstellung sehr sachlich, umfassend, lakonisch und präzise.

Alle anderen Begriffe, die als Ersatzbegriffe erscheinen, sind eher Unterformen der geschichtlichen Darstellung oder Möglichkeiten, Geschichte (wissenschaftlich) darzustellen: Wer Geschichte darstellt, kann eine *Monographie* oder einen *Aufsatz* verfassen, er kann *analysieren* oder auch *synthetisieren*; in der Regel *untersucht* der Historiker. Er kann *chronologisch* vorgehen, muss es aber nicht. *Kontextualisieren* tun Historiker ohnehin (wohl mehr als die Philologen), da jede Quelle bereits die andere Quelle kontextualisiert. Und womit er kontextualisiert, ist dem Empfinden des Historikers unterworfen.

Eine geschichtliche Darstellung ist an keine Form, an keine Struktur, in dem Sinne, wie es die Chronik ist, gebunden. Wer Geschichte darstellt, entscheidet, was er für wesentlich und was er für unwesentlich hält. Eine historische Darstellung ist kein Einmaleins, sondern sie ist in ihren Erscheinungen so vielfältig und potenziell unendlich wie die Geschichte selbst. Im Unterschied zur Chronik ist die geschichtliche Darstellung dennoch kürzer, nicht notwendig chronologisch, sie ist nicht immer an allen Einzelheiten interessiert. Wer geschichtliche Darstellungen verfasst, ist nicht nur an Tatsachen, sondern auch an Wertungen interessiert.

Literarisch-geschichtliches Sachbuch

Wir merken, wie in den Begriffen, die wir hier betrachten, mehr und mehr angelegt ist, nach welchem Kriterium auch zu beurteilen ist, womit man es zu tun hat. In diesem Fall ist es das Kriterium der Sprache. Denn *literarisches* Erzählen ist für den Chronisten gänzlich irrelevant oder kaum bedeutsam. Ein

Chronist könnte sogar stichpunktartig schildern. Auch in der geschichtlichen Darstellung ist die Sprache nicht das entscheidendste, wenngleich sie hier wichtiger als bei einer Chronik ist. Wer als Historiker aber für die Öffentlichkeit schreibt, der ändert seine wissenschaftliche, sachliche Sprache oder Wortwahl und achtet noch mehr darauf, verständlich und präzise zu sein. Auch Spannungsmomente werden eingebaut. Sind nun geschichtliche Sachbücher, die auch literarisch erzählen, unwissenschaftliche Bücher? Ich halte diese Frage für müßig, aber klar ist, dass diese Bücher, vor allem aus dem Bereich der Zeitgeschichte dazu neigen, bestimmte Narrative zu bedienen.

Historischer Roman

Ein historischer Roman hat sich weit von der geschichtlichen Wahrheit entfernt. Ihm geht es auch nicht darum, Geschichte darzustellen. Vielmehr greift er Geschichte auf und verändert viele Einzelheiten, erfindet Figuren, Orte und Geschehnisse, um Geschichte oder vielmehr eine Geschichte zu vermitteln. Manchmal ist nur der historische Hintergrund real, manchmal versucht der Autor, sich an die Fakten zu halten, auch wenn er einen Roman schreibt. Ein historischer Roman will nicht geschichtlich darstellen, sondern will eine Geschichte literarisch, erzählerisch und kunstvoll darstellen.

Uns interessiert vor allem der Vergleich von Chronik, geschichtlicher Darstellung und erzählendem Sachbuch. Wenn der Maßstab gilt, Geschichte möglichst genau darzustellen, so ist eine Chronik eine sehr gute Wahl der Darstellung.

Besonders geeignet erscheint sie, da ihre Sprache sachlich und ihr Ziel es ist, Geschichte möglichst umfassend darzustellen. Und: Im Idealfall bedient der Chronist nicht Narrative.

III. Ganz Essen gegen Nazis? Bericht als Beobachter der Demonstrationen gegen den AfD-Bundesparteitag in Essen am 29. Juni 2024

Ich nahm mir vor, die Veranstaltungen gegen den Bundesparteitag der Alternative für Deutschland (AfD) zu beäugen.[2] Hierzu fuhr ich mit der Deutschen Bahn an. Frühmorgens war der Zug eher leer, nichts schien hier darauf hinzudeuten, dass an diesem Tag mehrere Personen dasselbe Ziel wie ich haben könnten.

Auf dem Weg nach Essen sah ich auch vereinzelt Personen, die angezogen waren, als sei Fasching oder Karneval. Als ich dann etwas später an einem Bahnhof durch das Zugfenster in einen gegenüberstehenden Zug geblickt hatte, der in die entgegengesetzte Richtung abfuhr und in dem eine stark kostümierte junge Dame saß, meinte ich, dass ich wohl vorschnell geurteilt hatte und die Kostümierungen mit den Protesten gegen den AfD-Parteitag vermutlich nichts zu tun hatten.

Geprägt war an diesem Sommertag das Bild der Stadt Essen nicht nur von den üblichen politischen Transparenten und Schriftzügen auf Kleidungsstücken, sondern auch durch die

---

[2] Insgesamt sollen es 32 Demonstrationen gewesen sein; s. Pressebericht der Polizei Essen vom 29.06.2024, 21:49 Uhr, zum Einsatzgeschehen anlässlich des Bundesparteitages der AfD, Zwischenbilanz, URL: https://www.presseportal.de/blaulicht/pm/11562/5812473, zul. aufgeruf. am 30.6.2024. Es hätten demnach „mehrere zehntausend Menschen" teilgenommen.

einem hier und da entgegenkommenden Leute, die Deutschland-Trikots trugen und dadurch ihre Unterstützung für die deutsche Fußballnationalmannschaft gegen die Auswahl Dänemarks im Achtelfinal-Spiel der Europa-Meisterschaft kundtaten, das am selben Tag erst Stunden später um 21:00 Uhr stattfand. So sah ich auf der Hinfahrt, wie auf einem Bahngleis eine mehrköpfige Mädchengruppe mit Deutschland-Trikots entlanglief. Wegen ihres sportlichen Aussehens könnten es Fußball-Juniorinnen gewesen sein. Im Laufe der Fahrt stiegen Personen zu, die ich der Antifa, vielleicht sogar ihrem engeren Kern, zurechnete.

Im belebten Hauptbahnhof Essen angekommen, sah ich zum ersten Mal an diesem Tag Polizisten. An drei Standorten standen jeweils mehr als fünf in unterschiedlichen Formationen.

Dass Familien auf politische Demos gehen, mag noch nicht jeden erstaunen. Dass aber der kleine Sohn, der vermutlich noch im Kindergartenalter war, von den Eltern beauftragt wurde, ein Holzschild mit dem einfallslosen Schriftzug „Höcke ist ein Nazi" zu tragen, ist, je nach Blickwinkel, indoktrinierend, skurril und etwas humorig.

Mir fiel auf, dass die Musik, die vom Demozug ausging, sehr eingängig war. Es war fast schon Marschmusik. Die Sprechchöre waren simpel.

Ganz Essen gegen Nazis? Im Falle eines EM-Siegs Deutschlands würden sich wahrscheinlich in den wichtigsten Straßenzügen und auch in entlegeneren Straßen Personen aufhalten, die den Sieg Deutschlands feiern würden. Die Stadt nahm aber keinen Anteil an dem Geschehen, das isoliert stattfand.

Im angrenzenden Park waren wenige Spaziergänger. Zwei Jogger liefen mir entgegen. Ich beobachtete, wie ein Zusteller eines Paketdienstes in einer Seitenstraße minutenlang Pakete zustellte, ohne dass er sich von dem etwa 50 Meter entfernt marschierenden Demozug auch nur im Ansatz beeindruckt zeigte.

Die Protestbewegung war partikularistisch. Gruppen-lastig. War es tatsächlich die sogenannte Mitte der Gesellschaft, deren Vertreter hier auftraten oder waren es eher Vertreter bestimmter Organisationen, die sich gegen die AfD stellten?

Die rhythmische Musik, die vom Demonstrationszug ausging, wurde abgewechselt durch Spaß-Musik. Auch eine Trommelgruppe nahm teil. Ich musste dabei an die „Blechtrommel" von Günter Grass denken. Während die meisten Protestler nur mitliefen, stammten sehr engagierte Sprechchöre von der Sozialistischen Deutschen Arbeiterjugend (SDAJ). Die Marschteilnehmer der SPD waren ruhig, trugen aber sehr viele Flaggen, was äußerst auffällig war.

Auf dem Messegelände, wo die Demonstranten einzogen, war lockeres Treiben. Vor allem an der Musikbühne. Die Bühne weiter vorne direkt gegenüber der Grugahalle war anderer Art. Die wenigen Minuten, die ich hier verbrachte, brüllte eine Person unzählige Begriffe in das Mikro, die vermutlich antifaschistische Anliegen artikulieren sollten... – *anti-dictatorship... anti-fascism* oder so ähnlich. Die

Menschen, die sich hier aufhielten, waren anders als die, die vorne in der Umgebung der Musikbühne waren, nämlich äußerlich, also hinsichtlich ihrer Kleidung, und auch altersmäßig homogener.

Die Leute zogen zwischen jener Musikbühne und diesem Spektakel vor der Grugahalle lose umher. Vor der Musikbühne wirkte es sehr ruhig. Ein paar Stände waren dort aufgebaut, unter anderem vom Unternehmen Correctiv, das investigativen Journalismus betreibt. Im Hintergrund dödelte langsame Musik. Das Plätschern der Musik kann darüber hinwegtäuschen, dass es zu Handgreiflichkeiten kam, über die berichtet wurde, von denen ich aber nichts bemerkte. Die Beruhigungsmusik leitete zu Pop-Musik über (etwa U2) und danach zu den Reden, die erst spät gehalten wurden.

Politische Auseinandersetzung bedeutet Kampf. Politischer Kampf mit dem Gegner. Die Waffe ist das Wort, ist das, was in der Politik legitim und legal ist. Ich möchte in diesem Zusammenhang meine Beobachtungen zur Anlage des Geschehens teilen. Ich vergleiche es mit einem Schlachtfeld. Verschiedene Anhaltspunkte lassen diesen Vergleich zu. Weit westlich lag die Grugahalle. Gut geschützt, fast als sei es eine Burg, tagten darin die Delegierten der AfD. Die Polizei errichtete Sperr- und Halteverbotszonen, sicherte die Halle vor den Demonstranten ab, gewährleistete aber auch das Demonstrationsrecht der AfD-Gegner. Das Geschehen um die oben beschriebene Bühne vor der Grugahalle hat den

Charakter einer Front.[3] Dies wird unterstrichen durch die latent aggressive oder aufgereizte Stimmung an der Bühne vor der Grugahalle. Die Personenklientel, die sich hier aufhielt, war, wie angedeutet, etwas anderer Art als hinten an der Musikbühne. Überwiegend waren es aber junge Leute (nicht wenige davon weiblich), von denen ich annahm, dass die meisten noch nicht studierten oder in Ausbildung waren, sondern zur Schule gingen. Hinten an der Musikbühne – in der Etappe – hatten die, wenn man so möchte, Generäle und die Politik das Wort. Ihre Aussagen stimmten in gewisser Hinsicht nicht mit dem tatsächlichen Geschehen vorne in der Nähe der Grugahalle überein. Fast alle Redner betonten, wie friedfertig sie seien. Zwar dankten sie den Polizisten für ihre Arbeit. Dass aber knapp dreißig von ihnen, weil sie sich mit Demonstranten, die mit Sicherheit jünger als die Redner auf der Bühne waren, auseinandersetzten, verletzt wurden, wurde ebenso wenig erwähnt wie die Störversuche. Sie schienen sich aber auch sonst in ihren Reden nicht für die Lage vor der Grugahalle zu interessieren.

Von der AfD wird Distanzierung zu diversen Organisationen oder Personen verlangt. Nicht selten gibt die Partei diesem Wunsch nach. Man könnte sie deshalb als Systempartei

---

[3] S. Pressebericht der Polizei Essen vom 29.06.2024, 21:49 Uhr, zum Einsatzgeschehen anlässlich des Bundesparteitages der AfD, Zwischenbilanz, URL: https://www.presseportal.de/blaulicht/pm/11562/5812473, zul. aufgeruf. am 30.6.2024: „Leider gab es immer wieder größere Personengruppen von zum Teil mehreren hundert Personen, die durch gewaltsame Störaktionen versuchten die Delegierten an der Teilnahme des Bundesparteitags zu hindern oder Sperrstellen zu durchbrechen."

bezeichnen. Die Worte, die die Redner auf der Bühne wählten, ließen jedenfalls keine Distanzierung erkennen. Es wurde auch nicht erkennbar öffentlich verlangt, dass sich die Redner von den aus ihren Reihen stammenden Gewalttätern distanzieren sollten. Der Westdeutsche Rundfunk – kein Witz – moderierte die Reden, anstatt neutral über die Lage zu berichten.

Was fehlte war Weltanschauung. Programmatik. Intellekt. Bücher. Pamphlete. Streitschriften. Denn dann würde einem auch klar werden, dass hier nicht die Demokratie gegen die AfD kämpft, sondern viele Organisationen mit unterschiedlichen Programmatiken dasselbe Ziel verfolgen, nämlich aus teilweise unerfindlichen Gründen gegen eine Partei zu demonstrieren. Unerfindlich deshalb, weil ich nicht nachvollziehen kann, weshalb evangelische Kirchenvertreter an der Seite von Kommunisten gegen die AfD losziehen, mit dem Argument, die AfD sei unchristlich. Vor dem Hintergrund, dass es hier um Machterhalt und nicht unbedingt um Demokratie (was für ein abstrakter Begriff) geht, wird dieser Widerspruch um einiges verständlicher. Redner von Parteien waren merkwürdigerweise stark unterrepräsentiert. Der Oberbürgermeister Essens nämlich sprach in seiner Funktion als Oberbürgermeister.

Es ist wohl das Wesen einer großangelegten Demonstration, dass sie in der Masse arrangiert, unspontan und organisiert wirkt. Aber wie widerständig war es hier? Inwiefern kann man von Widerstand sprechen, wenn das Objekt der Demonstration, also die AfD, ja selbst überall in der parlamentarischen Opposition ist? Wäre Niederhalten der bessere Begriff? Weshalb sprachen Parteivertreter nicht? Genügt es ihnen, in den Parlamenten gegen die AfD zu reden? Die Redner waren hauptsächlich lokale, regionale oder landesweit wirkende Personen. Vertreter von Organisationen, die bundesweit agieren, gaben auf der Bühne nicht den Ton an (Ausnahme: Anna Nicole Heinrich, Präses der Evangelischen Kirche in Deutschland). Es nahmen freilich bundesweit agierende Organisationen am Demozug teil, aber insgesamt eben nicht nur Parteien, also Organisationen, von denen man es eigentlich nicht erwarten würde, dass sie den parteipolitischen Kampf aufnehmen würden.

Demonstriert wurde also isoliert vom AfD-Bundesparteitag (es gab, wie erwähnt, Absperrungen zur Grugahalle) und isoliert vom restlichen Geschehen der Stadt. Zwar konnte jeder auf das Messegelände. Doch wer sich auch mal abseits vom Messegelände, so wie ich, aufhielt, der sah keinen Demonstranten mehr. Einige Straßen waren komplett leergefegt. Vielleicht auch wegen der Schwüle. Dennoch war das Geschehen nicht weit weg.

Kurz wurde gegen 13:00 Uhr das entspannte Treiben an der Musikbühne durch einen Sprechchor unterbrochen. Die Polizei war sehr präsent und trat ausschließlich in Großgruppen auf. Nur einmal sah ich eine Polizistin allein an einem Polizeiwagen. Viele Polizeiautos und -kleinwagen parkten direkt am Messegelände.

Zur Zahl der Teilnehmer kann ich keine Angaben machen, angeblich waren es „mehrere zehntausend"[4]. Das Gelände zwischen der Musikbühne und der Grugahalle ist sehr groß, sodass die Leere einzelner Räume vielleicht den falschen Eindruck von der Teilnehmerstärke erweckt.

Die Reden waren langweilig. Viel Phrasen, die jeder kennt. Hier die friedfertigen Demokraten, dort die hassenden und hetzenden AfD-ler. Dennoch hörte ich genau hin und notierte, dass der Oberbürgermeister in etwa sagte, dass individuelle Meinungen wichtig seien und die Stimme jedes Menschen in der Demokratie wichtig sei, man müsse andere Meinungen aushalten. Nicht verhandelbar seien aber elementare Verfassungsgrundsätze. Das klingt manchmal so, als würde man einen ganz kleinen Schritt auf die AfD oder ihre Wähler zugehen. Frau Heinrich, Präses der Evangelischen Kirche in Deutschland, betonte, wie friedlich sie als Demonstranten seien und dass die Grundwerte der AfD antidemokratisch seien. Insgesamt waren diese Reden sehr oberflächlich. Die plärrende Rede von Frau Weber, Vorsitzende des DGB NRW, war kämpferisch, antifaschistisch. Widersprach sie ihrem Vorredner, indem sie betont meinte, dass man gewisse Meinungen eben *nicht* aushalten dürfe? Als erste unter den Rednern erhielt sie viel und anhaltend Beifall. Die Reden hatten insgesamt keinen Tiefgang, keine Zitate, keine

---

[4] S. Pressemitteilung der Polizei Essen vom 30.06.2024, 12:50 Uhr, zum Einsatzgeschehen anlässlich des Bundesparteitages der AfD, Schlussbilanz, URL: https://essen.polizei.nrw/presse/einsatzgeschehen-anlaesslich-des-bundesparteitages-der-afd-polizei-essen-zieht-erfolgreiche-schlussbilanz, zul. aufgeruf. am 1.7.2024.

Vorbilder, keine Weltanschauung. Die Teilnehmer schienen wenig Interesse an den Reden zu haben. Wie so oft. Das Gerede der Redner wirkte an der ein oder anderen Stelle etwas hochmütig und selbstgefällig.

Beide Parteien, also AfD-Parteitagsteilnehmer und Gegendemoteilnehmer, konnten abends potenziell in den Bars, Kneipen, Cafés und Restaurants vielleicht auch friedlich zusammenfinden und ins Gespräch kommen, war an den Orten des Public Viewing, wo das Spiel Deutschland gegen Dänemark gezeigt wurde, eine gute Gelegenheit hierzu? Unter der Deutschland-Flagge trifft man sich dann vielleicht doch gern abends zum Public Viewing.

Die Demonstrationen hatten den Charakter eines Events. Kurz vor Ankunft am Bahnhof traf ich eine Person, die ein Banner oder Schild trug, auf dem sinngemäß die Frage aufgeworfen wurde, wer denn für den Frieden demonstriere. Viele Leute saßen schon am frühen Nachmittag in den Cafés, die die Straßen Richtung Hauptbahnhof zieren, und aßen, tranken und genossen das gute Wetter.

Die Wahlerfolge der AfD zeigen, dass hier nicht die Mitte der Gesellschaft demonstriert hat, für die man sich hielt, sondern Interessengruppen, viele junge Leute, ein paar ältere, ein paar Familien.

Sinnliche Nächte. Drei Novellen

Jennifer

I

Jennifer fand ihn von Anfang an geil. Nicht etwa, weil er geil aussehen würde, nein, weil er wirklich geil war. Geil auf sie. Denn Jennifer hatte alles, was er wollte. Einen festen üppigen Busen, einen strammen Po, sportliches Aussehen – und Intelligenz. Einmal lief sie vor seinen Augen in engen Lederjeans über die Straße, als sie *nur* ihren Einkauf beim Bäcker erledigte, – *nur* – denn zum Brötchenkaufen würde sich kein normaler Mensch derart attraktiv anziehen. Aber Jenny war nicht normal, sie war anormal hübsch. Und das ließ sie ihre Umwelt wissen.

Seine Augen, die gelangweilt über die Straße wanderten, blieben an ihren Rundungen haften – noch ehe er erkannt hatte, dass sie es war. Wieder einmal war er viel zu spät schlafen gegangen und war nun hundsmüde, als er im Bus saß. Sie weckte ihn auf, mit ihrer Erscheinung. Ihr Anblick war für ihn wie mehrere Tassen Espresso auf einmal. Ein Nikotin-Schub.

Diese rein oberflächliche Wollust wegen ihres Körpers bemerkte sie natürlich. Nicht jetzt bei ihm. Sondern allgemein. Bei vielen. Sie wusste um ihre Wirkung beim männlichen Geschlecht. Doch wie es ihm zu gehen schien, so ging es tatsächlich fielen. Niemand kam an sie ran. Zumindest war das sein Eindruck. Noch nie hatte er sie mit einem Mann gesehen. Dabei sah er sie fast jeden Tag. Nicht nur vom Bus aus. Im Dorf sah er sie auch ab und an, denn sie wohnte in der Nachbarschaft. Manchmal sah er sie vom Fenster aus, wenn er wieder mal, rein zufällig, morgens nach draußen schaute. Und sie wieder schneller als er aus dem Haus war.

Er kannte sie nicht. Nur vom Sehen. Außer gelegentlichem Grüßen hatte er noch nie mit ihr gesprochen. Obwohl er nicht selten mit Frauen sprach. Nur mit ihr nicht. Sie wirkte auf ihn oft sehr beschäftigt.

Er bemerkte aber nicht, dass sie ihn anders behandelte als andere Männer. Genau das tat sie nämlich. Indem sie eines Freitagabends bei ihm klingelte. Kurzum legte er den Bleistift nieder. Ging zur Tür. Sah durch den Türspion, dass sie es war, und runzelte mit der Augenbraue. Er war nur kurz überrascht davon, weshalb sie geklingelt hatte, und verschwendete keinen Gedanken daran, zu überlegen, weshalb sie ihn aufsuchte.

„Hi".

„Hey Jennifer", sagte er. Hätte er sie höflicher mit ihrem Nachnamen ansprechen sollen? Das letzte Mal, als er ihre kugelrunden kastanienbraunen Augen gesehen hatte, war vor einem halben Jahr gewesen, als sie ihm entgegenkam – und nicht wie sonst vor der Nase vorbeilief, ohne dass sie den Anschein machte, zu bemerken, dass er in der Nähe war.

„Kannst du mir helfen?"

„Wobei?" Ihm kam es etwas komisch vor, dass sie sich duzten. Die Distanz zwischen ihnen hatte er bislang als eher groß empfunden.

„Beim Kochen.“

„Beim Kochen?!“ Er konnte nicht ganz glauben, was er gehört hatte. Wenn er nicht wusste, was er sagen sollte oder Aussagen von Gesprächspartnern ihn überraschten – und das taten sie ab und an – wiederholte er sie einfach und betonte sie als Frage.

„Ja. Morgen ist Feiertag. Mehrere Gäste, die ich eingeladen habe, werden mich besuchen. Alle Geschäfte haben zu. Ich habe vergessen, einzukaufen, und ich dachte, ich könne etwas von dir schnorren.“

Er war sich nicht sicher, ob sie wusste, dass er leidenschaftlich gerne kochte. Neben dem Anlass, Kochen, war das, was sie von ihm wollte, merkwürdig. Er sollte sie also nicht beim Kochen unterstützen, sondern ihr mit seinem erst heute selbst beschafften Einkauf aushelfen? Oder was hatte er unter „Schnorren“ zu verstehen? „Schnorren“? Irgendwie passte das Wort nicht. Diese saloppe Wortwahl ließ ihn stutzen, wirkte aber auch in gewisser Weise sympathisch auf ihn.

„Äh, ja. Was brauchst du denn?“ Er wollte eigentlich nein sagen. Wollte ausschließlich fragen, was sie benötigte. Doch wie so oft willigte er ein, noch bevor er wusste, was Sache war.

„Ein Kochbuch.“

Seine Stimmung änderte sich schlagartig. Vom anfänglichen Überrascht-Sein darüber, dass sie erschienen war und welches Anliegen sie geäußert hatte, war, wenngleich dies von einer angenehmen Freude über ihre Anwesenheit begleitet war, jetzt nichts mehr übrig. Fast schon beleidigt wich er kurz zurück. Er konnte gut kochen, das wusste er – nicht, weil es ihm gesagt wurde, sondern, weil ihm, der allein lebte, sein selbst gekochtes Essen sehr gut schmeckte. Er fand es zwar seltsam, dass er ihr beim Kochen helfen sollte. Und dass er ihr mit Zutaten weiterhelfen sollte, fand er auch sonderbar. Aber er hoffte insgeheim ein wenig, dass sie wusste, dass er gerne kochte, und dass sie wollte, dass er ihr genau dabei half. Durch seine Anwesenheit. Seine Tipps. Doch nun wollte sie ein Kochbuch? Er benutzte Kochbücher ohnehin eher selten. Vieles steht doch heutzutage sowieso im Internet, dachte er. War es nur ein Vorwand, unter dem sie bei ihm klingelte?

„Ich benutze meine Kochbücher kaum noch. Ich habe einige, welche würdest du benötigen? Ist es nicht einfacher, wenn du im Internet schaust?"

„Mein Internet funktioniert nicht."

Warum sie ihn nun besuchte, wusste er immer noch nicht. Für ihn musste immer alles logisch sein. Alles musste einen Grund haben. Nichts geschah einfach so. Er hinterfragte alles. Durchdachte alles. Manchmal ohne ein Ergebnis. – *Beim Kochen helfen.* Was für ein merkwürdiges Anliegen für ein Kennenlernen. Denn wenn es ein Vorwand war, hätte sie ja einen Grund, zu ihm zu kommen. Wenn es kein Vorwand sein sollte, dann war es also seltsam, dass sie zu ihm kam. Er war gelegentlich skeptisch. Selbst dann, wenn er sich doch eigentlich freuen könnte. Mit Misstrauen hatte das kaum etwas zu tun. Eher damit, dass er oft und gerne zu viele Möglichkeiten in Erwägung zog, von denen ihm keine als die naheliegendste oder wahrscheinlichste erschien. Und Jenny? Er fand sie sympathisch. Und nun begriff er abermals, dass Flirten manchmal seltsam sein konnte: Holprige Gesprächsführung. Merkwürdige Redeanlässe. Scheinbar zufällige Begegnungen.

„Ok. Ich habe verschiedene Kochbücher. Regionale Rezepte. Ausländische Küche. Alles Mögliche. Was benötigst du?“

„Weiß auch nicht. Hört sich alles gut an. Ich dachte eher an skandinavische Küche. Ich habe entsprechend eingekauft. Fisch und so weiter.“

„Tatsächlich habe ich mehre Kochbücher in diese Richtung, also was Länder aus Skandinavien betrifft. Ich zeige sie dir, dann kannst du auswählen.“ Das Gespräch zog sich hin. Draußen nieselte es ein wenig. Ihre pechschwarzen gewellten Haare kräuselten sich wegen der Tropfen, die sie aufnahmen. Sie hatte eine Kapuze an. Dunkelblau vielleicht. Es war dunkel, so genau war die Farbe nicht zu erkennen, da das Haustürlicht nicht funktionierte. Die Straßenlaternen im Hintergrund leuchteten in einem billigen Gelb.

„Das wäre super“, sagte sei in einem leicht arrogant-freundlichen Tonfall.

Er ging zurück. Als er ihr den Rücken zuwandte, drehte er sich um und fragte mit ernster Stimme, ob sie kurz reinkommen wolle. Draußen regne es, sagte er. Sie nahm das Angebot an und kam mit einem eleganten Schritt in seine Wohnung. Sie bewegte sich wie eine Tänzerin, wie er bemerkte. Sie schloss die Tür selbst, was ihn kurz überlegen ließ. Aber worüber er jetzt wieder grübelte, wusste er nicht.

Während er also in die Küche ging – den Gang rauf und dann rechts – war er darauf bedacht, die richtigen Bücher auszuwählen. Kurz bevor er die Küche betrat, sah er sich erneut nach ihr um.

„Ach ja, wenn du deine Jacke ausziehen magst, kannst du das gerne tun, hänge sie einfach auf den Ständer neben dir oder leg sie auf die kleine Anrichte." Er hatte kurz vor ihrem Erscheinen nach dem Lüften etwas aufgeheizt. Deshalb sagte er das. Und auch ein bisschen deshalb, weil er freundlich sein wollte. Nicht wirklich, weil er davon ausging, dass sie vielleicht länger bleiben würde. Nun lief er weiter in die Küche. Ohne ihre Antwort oder ihr Handeln abzuwarten. Er war ein höflicher Mensch. Aber manchmal dauerte es etwas, bis das zum Vorschein kam. Das lag vielleicht daran, dass er zu viel nachdachte, ehe er handelte. So kamen seine Angebote etwas zeitverzögert. Zumindest aus seiner Sicht. Vielleicht war er aus Jennys Sicht gar nicht verzögert unhöflich. Sofern sie ihn in diese Richtung charakterisierte. Jedenfalls schnappte er sich im Dunkeln eine Handvoll Kochbücher und lief zurück zum Eingang.

Da stand sie vor ihm. Die Jacke hatte sie ausgezogen. Sie hatte sie so gewöhnlich aussehen lassen. Noch dazu mit der Kapuze. Vielleicht war er deshalb kaum nervös geworden, als sie vor der Tür stand, nachdem sie geklingelt hatte. Nervös in dem Sinne, dass ihn ihre von der Jacke verdeckte Schönheit vom Gespräch abgelenkt hätte. Seine Worte und Gedanken beeinflusst hätte. Und seine Antworten auf ihre Worte beeinflusst hätte. Aber auch jetzt, als er sie sah, wurde ihm nur ein wenig anders. Er hielt zwar kurz inne. Dachte an das, was sich an Weiblichkeit unter ihrer Kleidung andeutete, war dann aber schnell wieder bei der Sache.

Er hielt nun mehrere Bücher in der Hand. Da sagte er spontan, dass sie doch mit in die Küche kommen könne. Denn am Hauseingang konnte er die Kochbücher kaum ablegen, weil die Anrichte zu schmal war. Alles vollgepackt mit Kleinkram. Er war kein sonderlich ordentlicher Mensch. Aber auch nicht wesentlich unordentlicher als viele anderen.

Ihm war es nun etwas unangenehm, dass das Gespräch so zum Stocken kam. Vor der Tür war es ihm lockerer erschienen. Vielleicht lag es daran, dass er jetzt kurz in der Küche gewesen war, um die Bücher zu holen. Er bot ihr an, die Schuhe auszuziehen, machte einen unbeholfenen Witz über seine Wohnung, über den sie aber lachte. Ob er nun tatsächlich witzig war oder nicht, war ihm egal. Hauptsache, die Stimmung war etwas aufgelockert.

Für ihn war sie immer so etwas wie eine unnahbare Person gewesen. Interessanterweise war das Gespräch mit ihr nun alles andere als distanziert. Alles war unverkrampft. Auch wenn alles so plötzlich kam.

Sie berührte seine Hand. Als er mit seinen Händen durch das norwegische Kochbuch blätterte und ein paar Rezepte empfehlen wollte. Was heißt wollte. Er tat es, während er unablässig redete, stichpunktartig. Sollte das eintreten, wovon er geträumt hatte? Er verhielt sich so, als sei alles ganz gewöhnlich. Ihre langen feinen Finger mit den rot lackierten Fingernägeln lagen für wenige Sekunden auf seiner linken Handoberfläche. Irgendein Rezept schien ihr zu gefallen. Sagte sie zumindest. Vielleicht war es auch nur das Bild zum Rezept. Das Auge isst bekanntlich mit.

In seinen Träumen wäre er binnen weniger Sekunden auf das Angebot eingegangen. Er behauptete gern bei Tageslicht, er könne das Traumgeschehen im Schlafe lenken, dass er also, während er träume, sich dessen bewusst sei, dass er nur träume, und dass er dadurch Träume steuern könne. Doch jetzt, in der Realität war wieder einmal alles anders. War es ein Angebot? Er blätterte einfach weiter. Zog seine Hand zurück. Es war nur ein kleiner Tisch, auf dem das Buch lag. Spärliches Licht. Er roch ihr Parfüm, das sie nicht allzu dick aufgetragen hatte. Aber es lenkte ihn zusehends ab.

„Fisch", sagte sie.

„Wie Fisch?"

„Naja, irgendwie brauche ich ein Fischrezept. Also eins mit Lachs."

„Ja. Fischrezepte sind hier einige drin. Lachs kam auch schon vor. Hast du etwa welchen eingekauft?"

„Nein. Aber ..."

„Aber was?"

„Ich dachte, du hast welchen."

Jetzt musste er lachen. „Irgendwie ist das schon skurril. Du klingelst bei mir, du, die ich eigentlich kaum kenne. Ich wusste bislang nicht einmal, dass du weißt, wer ich bin. Dann brauchst du ein Kochbuch. Und jetzt soll ich Lachs für dich haben?"

Er schaute sie etwas ungläubig an. Ihr Blick aber verriet ihm, dass sein positiver Zweifel, der ihm eingangs aufgekommen war, berechtigt gewesen war. Alles war wohl nur ein Vorwand. Das spürte er. Er schaute ihr in die Augen. In ihr linkes Auge, ihr rechtes Auge. Als sein Blick auf ihren Mund wandern wollte, verharrte er auf ihrer Stupsnase, die so klein und fein war, als stünde Kleopatra vor ihm.

Plötzlich war das Buch zur Nebensache geworden. Seinen humorvoll geäußerten Vorwurf, sie käme erst wegen eines Kochbuchs, dann wegen Lachs zu ihm, erwiderte sie mit ihrem unschuldigen Blick. Wenige Sekunden schauten sie sich gegenseitig an.

„Und welchen Lachs willst du haben? Geräucherten? Seelachs? Tatsächlich esse ich gerne Lachs und habe einigen da, obwohl er eher teuer ist."

„Ich will deinen Lachs", sagte sie bestimmt, während sie langsam auf ihn zuging.

Jetzt wurde ihm klar, was sie wollte. Ihr offensives Verhalten überraschte ihn erneut. Erst mit ihren sanften erotischen Berührungen, als er blätterte. Dann mit ihren Blicken. Und nun, indem sie auf ihn zukam. Normalerweise nämlich ergriff er die Initiative.

Und das tat er jetzt. Er näherte sich ihr ebenso an.

Mira

I

Nach einem Jahr war es aus. Nicht die Beziehung. Nicht das Verhältnis. Nicht die Affäre. Nicht die platonische Beziehung. Auch nicht die Kommunikation. Denn die gab es nie. Fast nie. Denn drei Mal hatte er sie gesprochen. Zu mehr genügte es nicht. Sie war ihm oft über den Weg gelaufen. Vielleicht zu oft, so dass er gar nicht mehr wahrnahm, dass sie anscheinend an ihm vorübergelaufen war. Er wusste im Augenblick nicht, ob er sich täuschte oder ob er sich einbildete, dass sie ihn attraktiv finden könne. Ihn? Stets und auch im Augenblick war er der Meinung, dass immer nur er den Frauen nachlief. Dass er sie interessiert machen wollte oder musste. In diesem Fall aber war es anders. Vielleicht. Und vielleicht nicht nur in diesem Fall. Aber er selbst war anderer Auffassung.

Sie sah ihn stets beim Vorübergehen nicht einmal an. Und sie grüßten sich nach Monaten erst das erste Mal. Kaum wahrnehmbar. Lächeln tat sie auch kaum. Und wenn, dann erweckte ihr Lächeln bei ihm den Eindruck, als öffne sie nur den Mund, um etwas sagen zu wollen. Sie konnte ihre Worte, ihren Körper, ihre Stimme – alles an ihr – so geschickt einsetzen, dass man meinen könnte, man habe es mit keiner gewöhnlichen Frau zu tun. Sondern mit einer, die sich versteckte und erst dann aufblitzte, wenn es etwas zu ergattern gab. Die erst auf den zweiten Blick charakterlich äußerst anziehend war – oder sein wollte.

Und das war sie für ihn. Er hätte es fast übersehen. Und manchmal merkte er, wie flink sie unterwegs sein konnte. Wie sie ihre Gesichtsmuskeln einsetzte. Und wie geschickt sie kommunizierte.

Das erste Gespräch war langweilig. Genau gesagt, empfand er sich selbst so. Sie reagierte so ambivalent, dass er erst, als er mit ihr geredet hatte, als das Gespräch vorbei gewesen war, ununterbrochen an sie dachte. Bevor er sie gesprochen hatte, hatte er sie wie jede andere auch wahrgenommen.

Alles an ihrem Verhalten wirkte im Nachhinein so eingespielt, dass er nach Monaten meinte, dass sie ihn bei dem ersten Flirt hatte veräppeln wollen. Sie wirkte unnatürlich. Sehr betont. Aufgesetzt? Diva? Könnte man meinen. Sie war sehr sportlich. Ihre Kleidung unscheinbar. Bei genauem Hinsehen: Ein Brett.

Er stellte ihr die üblichen Fragen, die sie knapp beantwortete, was er teils akustisch nicht verstehen konnte. Das Gespräch kam mehrmals zum Stocken und er wiederholte ab und an das, was er bereits gesagt hatte. Nach wenigen Minuten war alles vorbei. Noch bevor der Zug einfuhr, entfernte er sich von ihr. Rundherum alles dunkel und nass. Was ein Dilemma.

Hatte sie jetzt erreicht, was sie wollte? Ihn um den Finger gewickelt, ein bisschen neugierig – und sich selbst interessant gemacht? Sie war weggelaufen und er ihr hinterher. Sprach sie an.

Beim zweiten Mal auch. (Dazwischen kam es nochmal zum gegenseitigen Grüßen – er hatte auch hier später das Gefühl, dass er sie, was für ein sträflicher Fehler bei ihrem

undurchschaubaren Charakter – ignoriert hatte, nicht durch
fehlendes Grüßen, nein, indem er sie nicht erneut ansprach, als
sie dies vielleicht nun deutlich signalisiert hatte; bei jeder
anderen würde das Gespräch einfach an einem anderen Tag
stattfinden. Doch sie war schnippisch. Machte sich wichtig.
Machte sich rar. Wollte sich nicht dauernd anbieten. Zumindest
war das seine Interpretation. Von dieser Deutung wich er aber
schon bald wieder ab, als er Fehler beim Kennenlernen bei sich
selbst erkannte. Beim zweiten Mal sprach er sie also auch an.
Übrigens erst nach mehreren Wochen, vielleicht sogar
Monaten. Er fing sie ab, erzählte ein wenig und sie schien mal
wieder (wie bei seiner ersten Anmache auch) verschwinden zu
wollen. Nur kurz empfand er sich als Looser, der das Gespräch
nicht hatte halten können, aber schließlich meinte er, dass es
einfach nicht passen wollte. Trotzdem ging sie ihm nicht aus
dem Kopf. Vielleicht aus deswegen.

Sein dritter Anbahnungsversuch erinnerte ihn an seine erste
Kontaktaufnahme. Eher entnervt als erfreut antwortete sie ihm,
als er sie spontan zum letzten Mal ansprach. Denn danach
versandete das Gespräch. Und ebenso die Bekanntschaft. Für
immer.

Gaby

Er tuschelte mit ihr auf der Veranda. Nicht mit Viola, sondern mit Gaby, die Violas beste Freundin war. Sie neckten sich, berührten sich, kicherten und hatten sichtlich Spaß, sodass nun selbst dem Nachbarn sein Voyeurismus etwas unangenehm wurde, als er, während er hinter dem Wohnzimmervorhang stand, das mittägliche Treiben seines Nachbarn seit geraumer Zeit verstohlen beobachtete.

In der Mittagshitze waren die zwei nur leicht bekleidet. Die lüsternen Aufschreie der Frau, die von einem Lachen kaum zu unterscheiden waren, wurden begleitet von dem steten Erzählen des Mannes und vom Zwitschern der Vögel. Vom leisen Geräusch kilometerweit entfernt verkehrender Autos. Und das Gespräch wurde unvermittelt dadurch übertönt, dass der zweite Nachbar begann, den Rasenmäher zu betätigen. Doch das Pärchen ließ sich davon nicht stören.

Erst Violas Auftreten brachte ihn dazu, seine Worte zu unterbrechen, aufzuspringen und Viola zu erklären zu versuchen, weshalb er die beste Freundin seiner Partnerin nach Hause eingeladen hatte. Gaby verabschiedete sich währenddessen mit der Ausrede, sie hätte noch einen Friseurtermin.